REVISTA DE PASSATEMPO
LASER

Esta edição é uma produção da Castelo Editora com a co-produção da Ativamente.

Castelo Editora é uma marca Fantasia da RM Editora e Distribuidora Ltda.
Rua Prof Marcondes Domingues, 320
Parada Inglesa
São Paulo SP - Cep 02245-010
(11) 2548-2314
www.editoracastelo.com.br

Ativamente é selo exclusivo da Ciranda Cultural Editora e Distribuidora Ltda.

© 2020 Ciranda Cultural Editora e Distribuidora Ltda.
Produção: Castelo Editora

1ª Edição
www.cirandacultural.com.br
Todos os direitos reservados.
Nenhuma parte desta publicação pode ser reproduzida, arquivada em sistema de busca ou transmitida por qualquer meio, seja ele eletrônico, fotocópia, gravação ou outros, sem prévia autorização do detentor dos direitos, e não pode circular encadernada ou encapada de maneira distinta daquela em que foi publicada, ou sem que as mesmas condições sejam impostas aos compradores subsequentes..

EDITORIAL

Com imensa alegria comemoramos cada nova edição lançada. Graças a você, a Castelo Editora tem sido um sucesso. Foram as inúmeras críticas, elogios e sugestões enviadas que fizeram uma revista melhor.
A revista de passatempo Laser reúne toda diversão que você merece.
São jogos de qualidade, dos tradicionais aos inéditos, que são desenvolvidos pela equipe Castelo Editora.
Cada página foi cuidadosamente construída para que você tenha prazer ao folhear.
Acreditamos que cultura e lazer devem andar juntos, portanto o objetivo primordial da equipe foi agregar conteúdo de uma maneira leve e descontraída. Mas, todo esforço só será válido se atingirmos a sua expectativa.
Agradecemos pela confiança de entregar um pedacinho do seu lazer em nossas mãos.

Criação e Elaboração
Studio Molotov

Dúvidas, Reclamações e Sugestões
molotovjogos@gmail.com

SUDOKU

**O objetivo do jogo é completar os quadrados em branco com números de 1 a 9, lembrando que nunca deve-se repetir os números nas linhas e colunas.
A mesma regra vale para as grades menores que precisam ser completadas, sem repetição.**

	4	1						
2	7		1	8		3	4	
8		5	4	3			2	6
	8	2	5	4				
	1	3		6		5	8	
				9	3	7	1	
	3			5	4	2		1
	5			7	6		3	8
	2	7				9	6	

	6					9	4	
3	5	9	1				6	
				6	8	5	9	3
	9	4				2	1	5
		6	4			7	2	
8		2	9				7	4
1				5	3	6		
	8				1			2
	4	5	2			3	1	7

Diretas

Escritor de Tempo e o Vento		Intrepidez, coragem	(Abrev.) Autor	Gole de bebida alcoólica que se toma de uma só vez (Bras.pop.)	
Região da Alemanha			Índigo	Ensejo, ocasião	
Corcunda, giba					
Iniciais de Olívio Dutra, político	Filme de Akira Kurosawa	Perna (inglês)			
		Chefe etíope	Empréstimo (inglês)		
Deslocar-se pelo ar			Automóvel		
Assolada, destruída	Departamento de Aviação Civil			Consoantes de ídolo	
Tornar limpo	Indício, vestígio	Em posição posterior			Trivial, vulgar
				Civilização pré-colombiana	
(Fig.) Presságio, sinal					
Febre palustre, maleita		Estado dos EUA	Iniciais de Raul Seixas, cantor		
Que tem dimensões extraordinárias					

Diretas

Definições

- Dois destinos turísticos localizados na Serra Gaúcha
- Designa espanto (interj.)
- O principal inimigo dos Smurfs (desenho animado)
- Doença infecciosa também chamada hanseníase
- Déspotas, tiranos
- Poeta religioso da antiga Grécia
- Privilégio, vantagem
- Equipamento de segurança para motoqueiros
- Almofada, em inglês
- Esvaziar, tornar oco
- Grande extensão de água salgada
- Antônimo de magro
- Transmissão gratuita de bens
- Curso de água natural francês que banha Paris
- Vestes, trajes
- Mucosidade expelida da boca (pop.)
- Não acertei
- Intrometido, penetra (gír.)
- Academia Brasileira de Letras (sigla)
- Sufixo de pegajoso
- Gemido triste e doloroso
- O terceiro livro da série Crepúsculo, de Stephenie Meyer
- Ouro (símbolo)
- Luigi Baricelli, ator
- Senhores (abrev.)
- Laboratório (abrev.)
- (?) Tsé, filósofo e alquimista chinês
- O responsável pela síntese de proteínas da célula (sigla)
- Prepara o alimento no forno

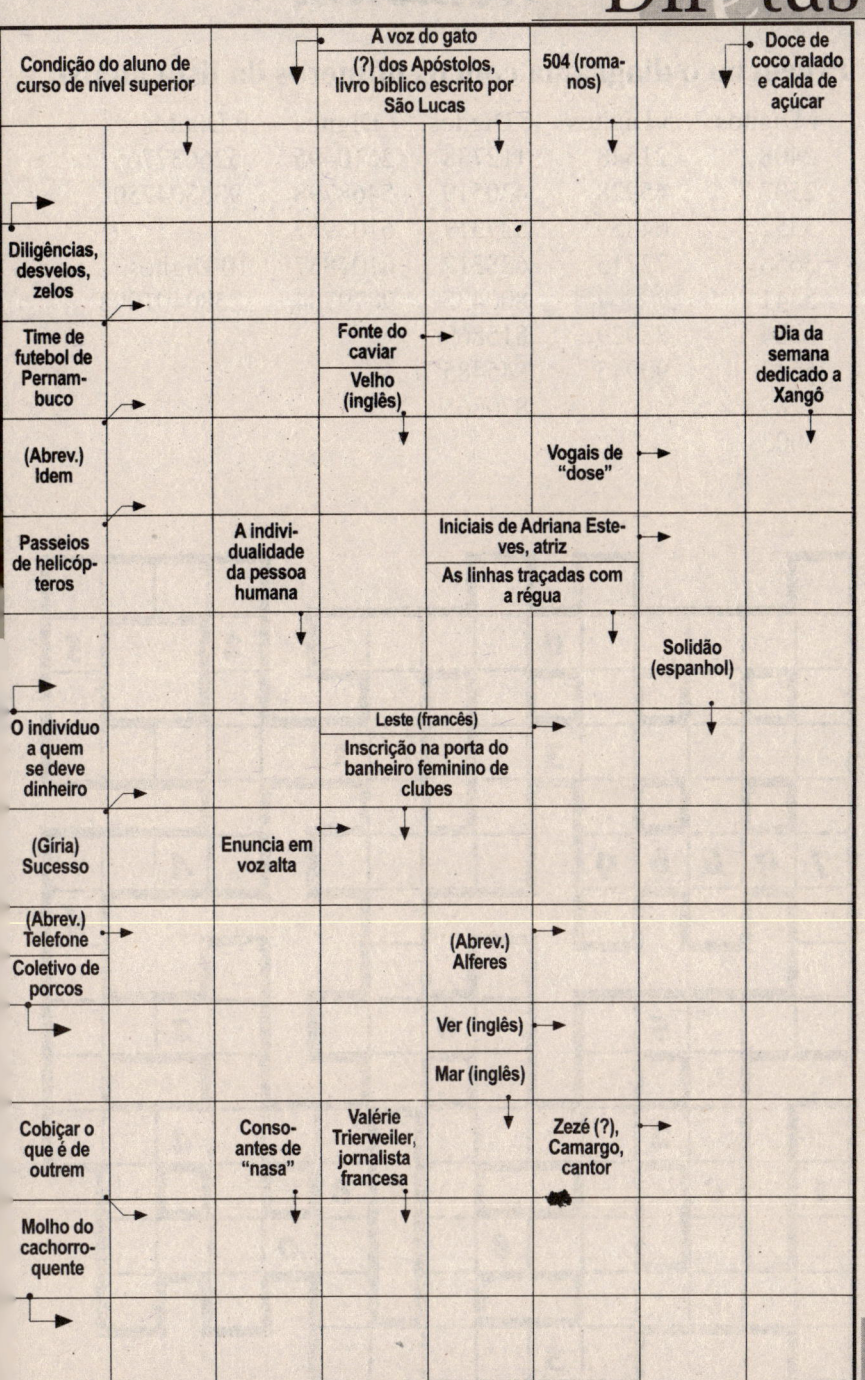

NUMERIX

Preencha o diagrama com os números da lista abaixo.

4 Dígitos	5 Dígitos	6 Dígitos	7 Dígitos	9 Dígitos
2408	21548	112738	2610495	526637766
2507	45928	430519	5468798	936304750
3352	64859	527317	6103987	
3658	72715	628312	6104837	10 Dígitos
5341	79669	800435	9879784	2580401098
6284	88929	815869		
6642	90945	845485		
7287		870865		
8003				

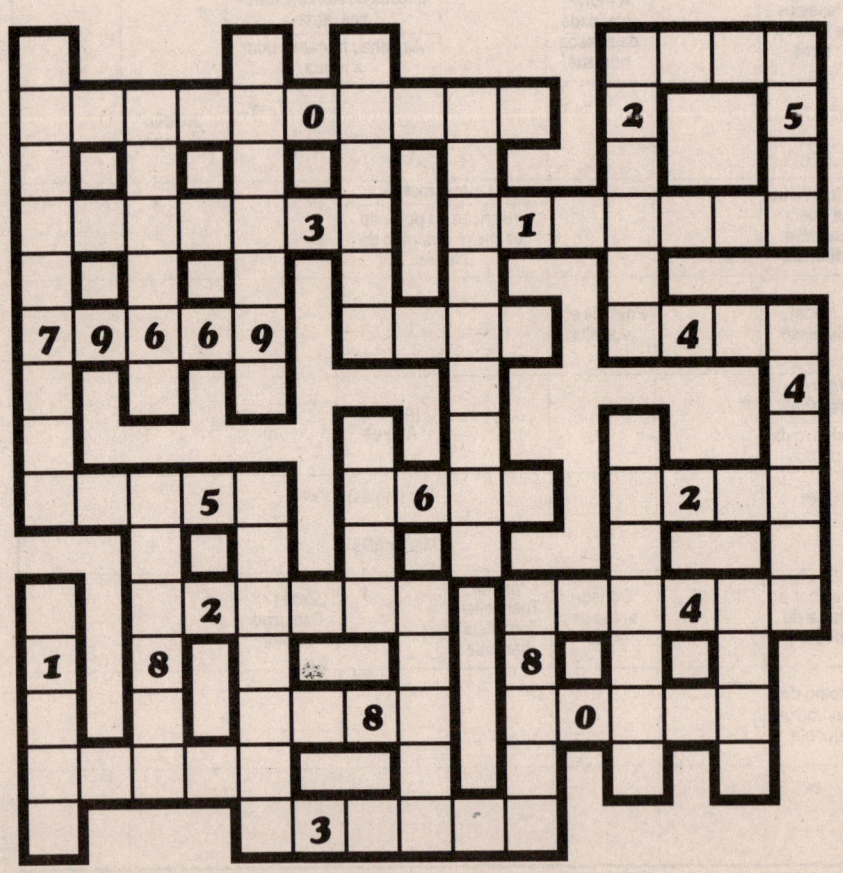

Diretas

Orgulhosa, arrogante ↓		Gil (?), navegador português ↓	Prefixo de predominância ↓	(?) Ford, o eterno "Indiana Jones" (Cin.) ↓	Barbara (?), atriz no filme "E o vento levou" ↓		Aquele que atraiçoa, desleal ↓
Elefante, em inglês →							
Defeito, depravação (fig.) →					Percorreram caminho a pé ↓		
Falta de ação, falta de atividade →							
Um dos aromas pilares da perfumaria ↓			Corrida de carro e moto →				
			Dar uma (?): ajudar ↓				
						Indivíduo nascido sob o signo de Leão (Astrol.) ↓	
Casa de assistência aos idosos →							
Indivíduo de um antigo povo semítico	Avenida que, partindo do centro urbano, atinge a periferia em linha reta						
Cantor principal de orquestra ou grupo (ingl.) →	↓						
			Sílaba de sobrinho →				Aplicação, emprego (pl.) ↓
Vogais de salada →				Ave preta insetívora de bico forte →			
O "colesterol ruim" (sigla) →			Som leve que faz algo delicado, como vidro, ao quebrar-se →				
Feijão, em inglês →							
				(?) bissexto: o que tem 366 dias →			
Que vem depois de todos (pl.) →							

SUDOKU

O objetivo do jogo é completar os quadrados em branco com números de 1 a 9, lembrando que nunca deve-se repetir os números nas linhas e colunas.
A mesma regra vale para as grades menores que precisam ser completadas, sem repetição.

	1		7			8	9	
7	9			1				6
		5	9	6	2	7	3	
		6	1	2	7	4	5	
		4	3		6	9		
	3	1	4	9	5	6		
		7	2	4	9	3	6	
3		9			8			5
	6			3			7	

7			3	4	6	8		
	4	8				9	3	5
3		9		2				4
	9	2				7	1	6
			6	9	1	8	4	
	7			5			9	8
9			3	6	8		5		1
	5	7				6	3	
			1	7		3	2	

Diretas

Horizontais / Definições

- (?) Alonso, piloto espanhol de F1
- Expressão que sela um acordo financeiro
- Penhasco no mar ou em terra
- Substância do interior da ampulheta
- Iniciais de Nívea Maria, atriz
- Molar, pré-molar e canino (anat.)
- Aquele que só vê o lado bom das coisas
- Indivíduo apreciador de iguarias finas
- Argila colorida por óxido de ferro
- Níquel (símb.)
- Corrida, em inglês
- Que me pertence
- Palmeira nativa da Amazônia
- Cabana de índios
- Tirei a vida de
- Assinatura (abrev.)
- Deus viking
- Pequeno barco inflável
- (?) Santos, compositor, maestro brasileiro
- Isaac Asimov, escritor
- Iniciais de Eduardo Moscovis, ator
- Manter-se à tona da água
- Cidade paulista do exagero
- Sucuri, surucucu e jararaca
- Empregar habitualmente
- Tribunal de Contas da União (sigla)
- Piso, pavimento
- O gosto adstringente das frutas verdes
- A 14ª letra grega
- O viver cotidiano
- Hiato de miolo
- O atleta que participa de maratonas

Dir*e*tas

Crossword puzzle clues:

- Nevoeiro no mar
- Veste usada por formandos
- Que se pode tatear
- Amplo, extenso
- Reinicializar, em inglês
- Abarrotou, acumulou
- Nota musical
- Universidade estadual de Campinas
- Organismo unicelular hipotético, semelhante à ameba
- 2.100, em algarismos romanos
- Andar (?): estar desocupado, sem obrigação
- Banda norueguesa do sucesso musical "Take on me"
- Incoativo (abrev.)
- Líquido gorduroso
- Agudeza, sagacidade
- Informados, inteirados
- Vogais de molenga
- Sílaba de mantimentos
- Pouco espesso
- (?) Penn, ator americano
- Irmão de Moisés (Bíbl.)
- Bolinho de feijão (Bras.)
- Perfume, fragrância
- Metal precioso amarelo
- (?) Hayworth, foi atriz americana
- Pedra negra, em tupi
- Interjeição mineira
- Sim, em francês
- Períodos geológicos
- Ricardo Tozzi, ator brasileiro
- Deixa o recinto
- Excelente, ótima

12

Diretas

Definições

- Veste que envolve o cadáver que vai ser sepultado
- País africano que faz fronteira com Gana
- Filme japonês de Akira Kurosawa
- (?) de Noé, salvou os animais do dilúvio (Bíbl.)
- Vozearia importuna e desagradável
- Exprime irritação (interj.)
- Antônimo de entrar
- Injeção de medicamentos ou de alimentos pelo reto
- Nociva, prejudicial
- Comer a refeição da noite
- Caminhe, percorra a pé
- Autor de epopeias
- Fonte de oxigênio
- Desfibrilador automático externo (sigla)
- Grande bloco de gelo que se desprende das geleiras
- Meio para resolver um problema
- Dominar com autoritarismo, tiranizar
- Cuidado, em inglês
- Alfabetos germânicos
- Amigo, em francês
- Ente fantástico como "Shrek", filme de animação
- Azedo
- Furto de coisa alheia para si
- (?) poucos: devagar
- Excêntricos, esquisitos
- Afirmar que não, proibir
- Coberto de musgo

13

Diretas

Deputados e senadores	(?) Thomas Von Detten, ator de O Diário da Princesa?	A última cerveja bebida no bar (gír.) / Comunidade dos Estados Independentes (sigla)		Tubo cuja função é fazer o escoamento de águas de terrenos úmidos	
Peixe muito consumido no Brasil					
"A obstetra" do meio rural		Sufixo de omátide / Erma, desabitada			Comer (inglês)
Tecnologia usada em TVs de telas finas		**N**			
		Vogais de viola			
Lago (inglês) / (Símbolo) Metro	Deus Sol para os egípcios			Raso, rente	
					Figurinhas para colar em álbuns
Acalmar, aquietar, tranquilizar		Sílaba de "rancor"	(Sigla) Acre / (Econ.) Insumo		
Tonelada (símbolo)	Sinal de pão / Passado (inglês)			Significa muito, em politeísmo	
Iniciais de Renato Aragão, humorista			Película usada na confecção de luvas		
Animal como o Tico ou o Teco (HQ)		Sigla do Qatar na Internet	Iniciais de Oscar Magrini, ator		
As empresas controladas pelo Governo					

Diretas

Clue	Clue
Lavatório com água encanada	Que está em perigo
Seduzir, atrair	Sílaba de luta
Corpo celeste	Filho (inglês)
Ligeira interrupção	Liliácea de flor exuberante
Andar para trás, retroceder	Sólido geométrico / Contesto
Canto fúnebre	Oxigênio (símb.)
Deusa da caça (mit.)	Ferrolho de janelas e portas
Sílaba de "juvenil"	Região autônoma na costa sul da China continental
Tomar por modelo	Subgrupo social (pl.)
"Tape" ao contrário	A primeira vogal
Empregue	Rocha íngreme a beira-mar
Pelado	Criatura / Tribunal de Contas da União
Em presença de	Página (abrev.)
Deusa da música (mit.)	

15

NUMERIX

Preencha o diagrama com os números da lista abaixo.

4 Dígitos
4047

5 Dígitos
79819

6 Dígitos
304005
326872
466175
670636
851566
905625

7 Dígitos
4602182
5231702
5299107
6740116
6753465
7349157
7579416
7743729
9016020

8 Dígitos
65761611

9 Dígitos
656521626

10 Dígitos
9182865982

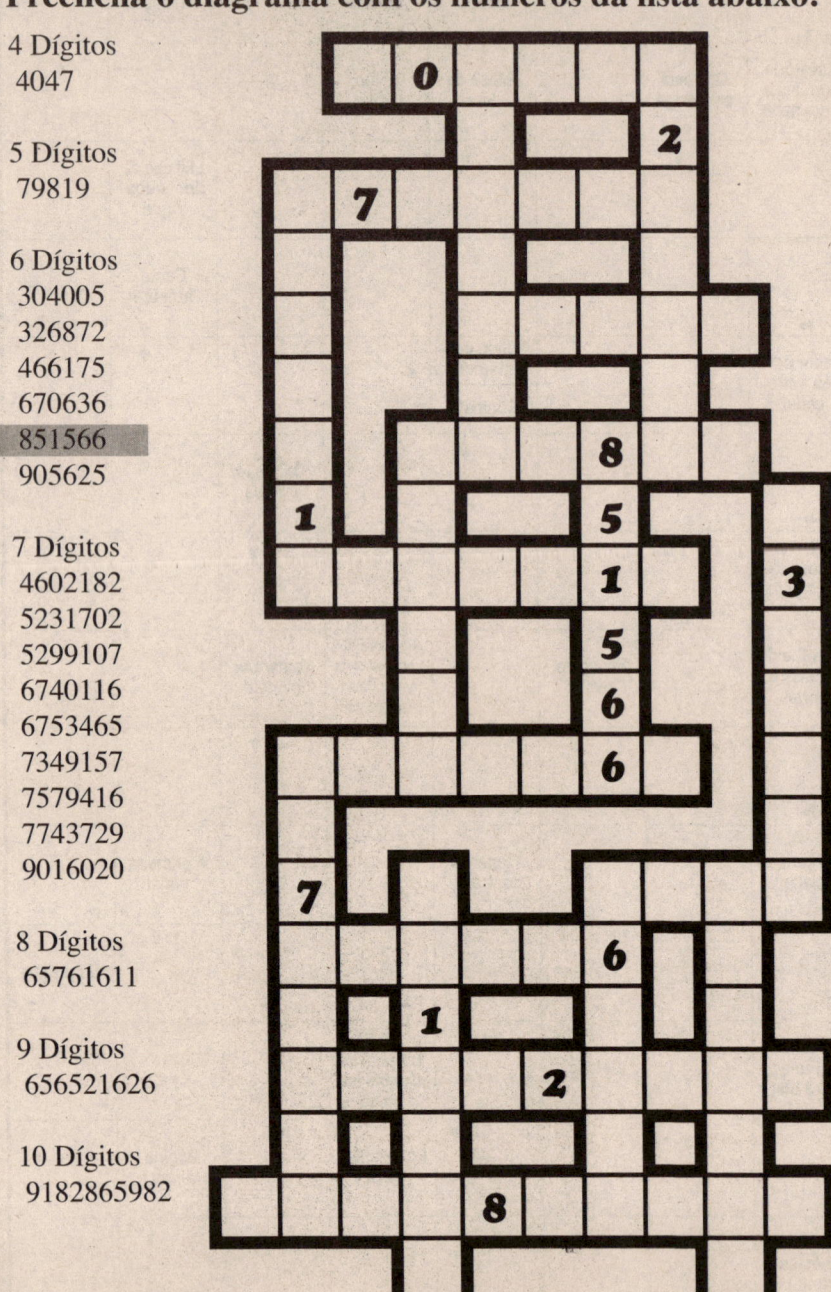

Diretas

Clue							
A capital de Dominica, estado do Caribe ↓		Movimento rápido pelo ar	Voz que imita o ruído de um golpe rápido	Filme com John Travolta e Olívia Newton-John ↓		Abandonar, desistir ↓	
		← ↓	Tipo de queijo →			Ilesas, íntegras ↓	
			Sua capital é Belém				
Homo (?): o ser humano →			↓				
Comida de quartel (pop.) ↓							
				Mesmo, também →			
Fazer demorar →							
Acessório do goleiro ↓							
				Correios (sigla) →			
				Braço, em inglês			
Endurecer, entravar	Fazer sair do lugar, deslocar		Porção de cereais que se debulham na eira de uma vez ↓		Pegada, pista		
↓	↓		↓		↓		
Muito boas →							
Radiação ultravioleta (sigla) ↓						Enfurecer, irritar ↓	
		Sílaba de pernambucano		Atraso, em inglês		Dama de companhia	
Exaltar, engrandecer →		↓		↓		↓	
→							
Grande planície coberta de gramíneas próprias para pastagem							
Melindrar, ofender →							

Diretas

Roteiro de cinema, em inglês			Erva-mate, em tupi	Palmeira espinhosa que chega a medir até 20 metros	Inscrever nos registros de matrícula		Roberto Carlos, cantor brasileiro
Extrair os órgãos da reprodução animal							
			Riacho da Suíça, afluente do rio Reno		Detido, escrito ao contrário		
Época notável		Ave de rapina diurna					Atividade específica em qualquer profissão
Antônimo de vaiar		Greg (?), ex-ciclista					
Garrafa (?): recipiente portátil que mantém a temperatura dos líquidos							
Que passou, que se foi	Negociante, em inglês		Peixe apreciado em pizzas				
			Cárie, escrito ao contrário	Ligação, união (fig.)			
				(?) Ravache, atriz			
Poema épico latino escrito por Virgílio no século I a.C.							Instrumento de sopro de timbre semelhante ao do clarinete
Acrescentar, adicionar					Substância utilizada na indústria da construção civil		
Disseminado partículas sutis, desprendido		Tecla para gravar em aparelhos de vídeo				Daniel Erthal, ator brasileiro	
O artista marcial mais importante do século XX							

Dir**e**tas

Clues

Horizontais / Verticais:

- "(?) uma vez...", frase inicial em livros infantis
- Galinha nova que ainda não põe ovos
- Planta que produz a avelã
- A capital de Mato Grosso
- Fato que não é comum
- Jatobá e peroba
- Romeu (?), político
- Fileiras, renques
- Deterioração, dano (pl.)
- Elo circular de corrente
- Leite recentemente mungido
- (?) Rocha, foi cineasta
- Dira (?), atriz
- Camareira, criada
- Consoantes de laser
- Golpe de esguelha, obliquamente, roçando
- Correio eletrônico
- Ditado, provérbio
- Grande pedra, rochedo
- Freiras, irmãs
- Cálcio (símbolo)
- Monografia para ser defendida em exames de doutorado
- Sílaba de néctar
- Empresa de televisão e rádio italiana
- Meteorologia (abrev.)
- Que tem grande declive
- As filhas de Atlas e Pleione (Mit. grega)
- Pequeno lobo da América do Norte

Diretas

Tornar mais acessível o preço de	Interpretou a Míriam em Sete Pecados / (?) Braga, atriz de "Eu Sou a Lenda"	Aro da parte interna do pneu	Construção de terra, pedra, cimento etc. destinada a represar águas (PL.)	A Dutra liga os Estados de SP e RJ
Brinquedo suspenso comum em quintais				
			Obra guardada em bibliotecas	
Feito ou recoberto de cobre, bronze ou latão	Sílaba de "salvar" / Sumo, suco extraído			
Material de suéteres			Emily VanCamp, atriz americana	
Iguaria consumida com garapa		Assim, em espanhol / Pronome demonstrativo masculino singular		
				Primeira letra do alfabeto
Universidade do Estado de Santa Catarina (sigla)	Sílaba de "sarda" / De memória			Missa, em inglês / Pistola e espada
Extinto indígena que habitava o NE			Objeto cúbico de jogos de azar	
			Cessa de falar / Lata, em inglês	
Show de arenas espanholas	Teste, em inglês / Hiato de juuna	Sílaba de "campana"		
Nascidos no país cuja capital é Lima				

SUDOKU

21

O objetivo do jogo é completar os quadrados em branco com números de 1 a 9, lembrando que nunca deve-se repetir os números nas linhas e colunas.
A mesma regra vale para as grades menores que precisam ser completadas, sem repetição.

1			3			2	6	8
	2	5	4		8	1		7
	3	6	7				9	5
5	8	1		9			4	
		9		3		5		
	6			8	5	7	1	9
6	9				1	8	7	
4		2	8		6	9		
7	5	8			3	6	2	

4		7		5	8			
	8		7	4		5	9	
9		3			2	4	8	
	7			8	9	2		
2	6			1			5	9
	4	9	2			8	1	
	9	6	4					8
	1	4		3	6		2	5
		2		9		1	6	

Diretas

Horizontais / Definições:

- Estilo musical com mensagens religiosas
- Ex-juiz condenado pelos crimes de estelionato e corrupção
- Indica espanto (interj.)
- Que se assemelha a metal (fem.)
- Figura que simboliza funções no computador
- Resposta dada por uma divindade
- Controverso, que gera discussão
- Espalharia luz, tornaria luminoso
- Planta usada para cobertura de cabanas
- Disco de (?): premiação dada pelas gravadoras
- (?) Baldwin, ator
- Sílaba de grelha
- Matar por sufocação apertando o pescoço
- Nome da voz do peru
- Cosmético para cílios
- Pintura feita sobre tela
- Grande plaina de carpinteiro
- Certo, exato
- Vogais de banana
- (?) Lee, diretor de cinema
- Areia, em inglês
- Empresa americana de informática
- O medicamento mais conhecido em todo o mundo
- Abominável Homem das Neves do Himalaia
- Embeleza, engrandece
- (?) McKellen, ator no filme "O Código Da Vinci"
- Interpreta por meio da leitura
- Cartão, em inglês

Diretas

Definições

- Ator na série de filmes "High School Musical"
- Digno de ficar na memória
- Cortês, delicado
- Caixa Econômica Federal
- Criminoso, salteador (pop.)
- Não acerta
- Placa de (?), placa tectônica situada à esquerda da América do Sul
- Lembrança, recordação
- Além de, exceto
- (?) de roupas: eletrodoméstico usado para secar roupas molhadas
- Tipo de macarrão recheado e enrolado
- Indica admiração (interj.)
- Arco pequeno, argola
- Banheiro social
- Veículo automóvel que serve para puxar arados
- Membrana que reveste exteriormente o corpo
- Em + ela
- Palidez (poét.)
- Farinha de (?): ingrediente usado para fazer pães
- Substância usada na argamassa em construções
- Depois de, em seguida
- Mãe-d'água (Folcl.)
- Governo (abrev.)
- Peça teatral em que aparece e fala um só ator
- Ponto no futebol
- Cova, em inglês
- Encarregado de verificar, conferir, revistar

SUDOKU

O objetivo do jogo é completar os quadrados em branco com números de 1 a 9, lembrando que nunca deve-se repetir os números nas linhas e colunas.
A mesma regra vale para as grades menores que precisam ser completadas, sem repetição.

6				5		7		2
7		4		8		3		
	2	3	1		7	9	4	
		5	4		6	1		
3	7	8		9			6	4
		1	8		3	5		
	3	2	6		5	4	9	
		6		4		8		
1		7		3			2	5

	9		1		5		8	
	6	2	4			8	9	
4		1				2	3	5
2				8		3		4
	5		2	4	9	6	7	
6		7		5				2
8		6				7		9
	3	5	7			4	1	2
	7		8		2		6	

Diretas

Horizontais (pistas)

- Povo derrotado pelos conquistadores espanhóis, liderados por Fernando Cortez
- Criança, guri
- Mamífero semelhante ao veado
- Passar às mãos de alguém
- Mau poeta
- Não corrompido, puro
- Vibrante, sonoro
- Esfarrapado, roto
- Consoantes de tela
- Iniciais de Elba Ramalho, cantora
- Máfia napolitana
- Saudação telefônica
- Aqui está
- Relativo, referente
- Planta de flores ornamentais
- Tonelada (símbolo)
- Cantiga, solfa
- (?) Stravinski compositor russo
- Oxigênio (simb.)
- (?) Palmério, escritor
- Cessei de andar
- Carbono (símb.)
- Consoantes de lábio
- Resultante da amputação de algum membro
- Logradouro
- Nitrogênio (quím.)
- Conto, relato
- Nome muito comum de cachorro
- Sétima letra do alfabeto
- Órgão de contração involuntária

Diretas

Exatidão de cálculos, rigor	Método de tratamento terapêutico oncológico	Fazer perder a energia, debilitar	(?) Coralina, poetisa e contista brasileira	Post-scriptum (abrev.)		Calculado, computado	
						Disposição de espírito	
	Espaço de 12 meses (pl.)				Fêmea do leão		
				Literatura (abrev.)			
				Dança de Portugal			
(?) Jofre, ex-pugilista brasileiro							
Romance escrito por José de Alencar			Capuz, em inglês				
			Cosmético para face				
Peça plana de madeira						Irmãos que nascem de uma mesma gestação da mãe	
					Pequeno pano que serve para ornamento do pescoço		Estilo de música de ritmos afro-caribenhos
Universal, comum		Campos (?), presidente					
Sova, soca		Time, em inglês					
				Ave muito parecida com o avestruz			
Pedro (?), apresentador do Big Brother Brasil			Adorno usado nos dedos				
				Tira de pano que remata certas peças de vestuário			
Carinhosa, meiga							

Diretas

- Dó, ré, mi, fá, sol, lá, si
- Você, em inglês
- Santa Catarina (sigla)
- Haste de madeira usada no jogo de sinuca
- Profissional que dirige o treino nos esportes
- Cidade do Arizona nos EUA, que faz fronteira com o México
- Filme de animação dos personagens Buzz Lightyear e Woody
- Terreno em que há muita areia
- Abrigo de coelhos
- Filho primogênito de Adão e Eva (Bíbl.)
- Ivete Sangalo, cantora
- Escolher, decidir
- Torna ilustre, engrandece
- Moderno (abrev.)
- Restabelecido, continuado
- Saliência córnea no tarso do galo
- Atualização, em inglês
- Tribunal superior do trabalho (sigla)
- Argolas
- Mulher criminosa
- Senhora das águas (Folcl.)
- Mais adiante, para o lado de lá
- Ilha da Grécia localizada no sul do mar Egeu
- Parte lateral de um edifício
- Fortaleza que domina e defende uma cidade
- Sua capital é Maceió (sigla)
- Dar asa, criar asas
- O terceiro rei de Israel (Bíbl.)

Diretas

(?) Varela, poeta brasileiro	Atuar / (Fís.) Ausência de calor		Substância existente na urina		Transmite o código genético	Vogais de lei	Estado situado entre o PR e o RS
	Violência, opressão						
						Imperador romano	
(?) Williams, tenista americana		Sossegado, tranquilo		Cartunista brasileiro	(Abrev.) Antigo Testamento		
Protegida, sustentada			Grito de dor		A primeira letra		
			Cláudia (?), atriz / (?) Lima, cantora				
(Sigla) Programa de Aceleração do Crescimento / Ave insetívora					Magneto / Engana, logra		
(Pop.) Coisa nenhuma / Matiz				Pôr do avesso / Sílaba de valor			
Olav (?), escritor norueguês		Cidade do Ceará				1 (romanos)	
				Graduação do judô			
Pecado capital							

28

Respostas

04

3	4	1	6	2	9	8	5	7
2	7	6	1	8	5	3	4	9
8	9	5	4	3	7	1	2	6
7	8	2	5	4	1	6	9	3
9	1	3	7	6	2	5	8	4
5	6	4	8	9	3	7	1	2
6	3	8	9	5	4	2	7	1
1	5	9	2	7	6	4	3	8
4	2	7	3	1	8	9	6	5

2	6	8	3	7	9	4	5	1
3	5	9	1	2	4	6	7	8
4	7	1	6	8	5	9	2	3
7	9	4	8	6	2	1	3	5
5	3	6	4	1	7	2	8	9
8	1	2	9	5	3	7	4	6
1	2	7	5	3	6	8	9	4
9	8	3	7	4	1	5	6	2
6	4	5	2	9	8	3	1	7

05

		E	D					T
		R	E	N	A	N	I	A
	L	I	N	A		A		L
	C	O	R	C	O	V	A	
	O	D			L	E	G	A
	V	O	A	R		Z		D
	E		D	A	C			D
A	R	R	A	S	A	D	A	
	I		V		R	L		
A	S	S	E	A	R		B	
	S	I	N	T	O	M	A	
	I	N		R		A	N	
	M	A	L	A	R	I	A	
C	O	L	O	S	S	A	L	

06

	G				D		
	R	E	G	A	L	I	A
C	A	P	A	C	E	T	E
	M	A	R		P	A	D
	A		G	O	R	D	O
	D	O	A	C	A	O	
G	O	S	M	A		R	R
	C		E	R	R	E	I
	A	B	L		O	S	O
	N	I		A	U		S
	E	C	L	I	P	S	E
	L	A	B		A	R	N
L	A	O		A	S	S	A

07

			M				C	
C	U	I	D	A	D	O	S	
	N	A	U	T	I	C	O	
	I	D		O	V	A		
	V	O	O	S		D	S	
	E		L			A	E	
C	R	E	D	O	R		X	
	S	U			E	S	T	
	I		E	N	T	O	A	
	T	E	L		A	L	F	
V	A	R	A		S	E	E	
	R			S		D	I	
	I	N	V	E	J	A	R	
M	O	S	T	A	R	D	A	

Respostas

08

5			5		1			6	6	4	2
2	5	8	0	4	0	1	0	9	8		5
6		7		6		2		3		8	0
6	1	0	4	8	3	7		6	1	0	3	9	8	7
3		8		7		3		3		1	
7	9	6	6	9		8	0	0	3		2	4	0	8
7		5		8			4				4
6					5		7			2		5
6	4	8	5	9		3	6	5	8		6	2	8	4
		1		8		4		0		1		8
2		5	2	7	3	1	7		8	0	0	4	3	5
1		8		9			2		8		4		3
5		6		7	2	8	7		9	0	9	4	5
4	5	9	2	8			1		2		5		2
8				4	3	0	5	1	9				

09

	A					O	
E	L	E	P	H	A	N	T
	T	A	R	A		E	R
	I	N	E	R	C	I	A
	V	E		R	A	L	I
J	A	S	M	I	M		D
		A	S	I	L	O	
	C	R	O	O	N	E	R
A	A	A		N	H	O	
L	D	L		A	N	U	
D	I		T	R	I	S	
B	E	A	N		A	N	O
U	L	T	I	M	O	S	

10

6	1	2	7	5	3	8	9	4
7	9	3	8	1	4	5	2	6
8	4	5	9	6	2	7	3	1
9	8	6	1	2	7	4	5	3
5	7	4	3	8	6	9	1	2
2	3	1	4	9	5	6	8	7
1	5	7	2	4	9	3	6	8
3	2	9	6	7	8	1	4	5
4	6	8	5	3	1	2	7	9

7	1	5	3	4	6	8	9	2
2	4	8	1	7	9	3	5	6
3	6	9	8	2	5	7	1	4
8	9	2	4	3	7	1	6	5
5	3	6	9	1	8	4	2	7
1	7	4	5	6	2	9	8	3
9	2	3	6	8	4	5	7	1
4	5	7	2	9	1	6	3	8
6	8	1	7	5	3	2	4	9

11

	N						
F	E	R	N	A	N	D	O
	G	O	U	R	M	E	T
	O	C	R	E		N	I
O	C	A		I		T	M
	I		M	A	T	E	I
B	O	T	E		A	S	S
	F		U	T	I		T
	E	M		O		I	A
	C	O	B	R	A	S	
C	H	A	O		T	C	U
	A	C	I	C			S
	D	I	A	A	D	I	A
C	O	R	R	E	D	O	R

Respostas

12

	B		B			E	
	R	E	S	E	T	S	
	U	N	I	C	A	M	P
M	M	C		A	T	O	A
	A	H	A		I	N	C
		E		O	L	E	O
A	C	U	M	E		R	S
	I		A	A	R	A	O
S	E	A	N		A		
	N	B		O	L	O	R
I	T	A	U		O	U	I
	E	R	A	S		R	T
	S	A	I		B	O	A

13

	C					C	
M	O	R	T	A	L	H	A
	S	A	I	R		I	R
	T	N		C	E	A	R
M	A			A	N	D	E
	D	E	A		E	E	
	O	P	R	I	M	I	R
A	M	I		C	A	R	E
	A	C	R	E		A	C
	R	O	U	B	O		U
	F		N	E	G	A	R
B	I	Z	A	R	R	O	S
	M	U	S	G	O	S	O

14

				S			
	P	E	S	C	A	D	A
P	A	R	T	E	I	R	A
	R	I		I	D	E	
	L	C	D		E	N	E
L	A	K	E		I	O	A
	M		S	E	R		T
S	E	R	E	N	A	R	
	N	A	R		A	C	
	T		T	I	L		R
	A	P	A	N		P	O
	R	A		P		O	M
	E	S	Q	U	I	L	O
E	S	T	A	T	A	I	S

15

P	I	A			A		E
		L		S	O	N	
A	P	I	L	U	T		T
A	R	E	C	U	A	R	R
	R	I		C	O	N	E
D	I	A	N	A		E	P
	C	R	E	M	O	N	A
	L		G			I	U
M	I	N	O	R	I	A	S
	T	I		E	M		A
F	A	L	E	S	I	A	
	N		P		T	C	U
E	T	N	A		A		S
	E	U	T	E	R	P	E

Respostas

16

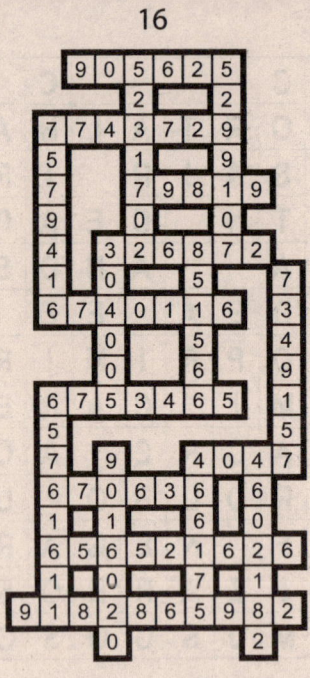

17

	R			G		D
O	O	V		B	R	I	E
	S	A	P	I	E	N	S
X	E	P	A		A	T	E
	A	T	R	A	S	A	R
L	U	V	A		E	C	T
		U		A		T	A
E	M	P	E	R	R	A	R
	O	T	I	M	A	S	
U	V		R		S		I
	E	N	A	L	T	A	R
P	R	A	D	A	R	I	A
		M	A	G	O	A	R

18

	S		C			M		
	C	A	S	T	R	A	R
E	R	A		U		T	C
	I		A	C	O	R	
A	P	L	A	U	D	I	R
	T	E	R	M	I	C	A
	M		A	T	U	M	
I	D	O			E	L	O
	E	N	E	I	D	A	
	A	D	I	R		R	O
	L		R	E	C		B
	E	M	A	N	A	D	O
B	R	U	C	E	L	E	E

19

	F			C		C
E	R	A		T	U	M	A
	A	V	A	R	I	A	S
A	N	E	L		A	D	O
	G	L	A	U	B	E	R
P	A	E	S		A	I	A
		I		L		R	R
D	E	R	A	S	P	A	O
	M	A	D	R	E	S	
C	A		A		N		T
	I	N	G	R	E	M	E
P	L	E	I	A	D	E	S
	C	O	I	O	T	E	

Respostas

20

	G						
B	A	R	A	T	E	A	R
	B	A	L	A	N	C	O
O	R	V	I	L		U	D
	I		C	A	L	D	O
	E	R	E	O		E	V
	L	A			A	S	I
P	A	S	T	E	L		A
	D		S	S	A	M	
		U	D	E	S	C	
C	A	E	T	E		D	R
	R	C			C	A	M
		T	O	U	R	A	D	A
P	E	R	U	A	N	O	S

21

1	4	7	3	5	9	2	6	8
9	2	5	4	6	8	1	3	7
8	3	6	7	1	2	4	9	5
5	8	1	6	9	7	3	4	2
2	7	9	1	3	4	5	8	6
3	6	4	2	8	5	7	1	9
6	9	3	5	2	1	8	7	4
4	1	2	8	7	6	9	5	3
7	5	8	9	4	3	6	2	1

4	2	7	9	5	8	6	3	1
6	8	1	7	4	3	5	9	2
9	5	3	1	6	2	4	8	7
1	7	5	6	8	9	2	4	3
2	6	8	3	1	4	7	5	9
3	4	9	2	7	5	8	1	6
5	9	6	4	2	1	3	7	8
7	1	4	8	3	6	9	2	5
8	3	2	5	9	7	1	6	4

22

	G				I		
P	O	L	E	M	I	C	O
	S	A	P	E		O	R
	P	L	A	T	I	N	A
	E	A		A	L	E	C
G	L	U	G	L	U		U
			R	I	M	E	L
	P	R	E	C	I	S	O
A	A	A		A	N	G	
	I	B	M		A	A	S
	N	O		O	R	N	A
I	E	T	I		I	A	N
	L	E		C	A	R	D

23

			M		E			
Z	A	C	E	F	R	O	N	
	M	E	M	O	R	I	A	
	A	F	O	R	A		Z	
	V		R	A		A	C	
	S	E	C	A	D	O	R	A
	L	A	V	A	B	O		
		N	E	L	A		T	
	P	E	L	E		T	R	
C	A	L		I	A	R	A	
	L	O	G		P	I	T	
M	O	N	O	L	O	G	O	
	R	E	V	I	S	O	R	

33

Respostas

24

6	8	9	3	5	4	7	1	2
7	1	4	2	8	9	3	5	6
5	2	3	1	6	7	9	4	8
2	9	5	4	7	6	1	8	3
3	7	8	5	9	1	2	6	4
4	6	1	8	2	3	5	7	9
8	3	2	6	1	5	4	9	7
9	5	6	7	4	2	8	3	1
1	4	7	9	3	8	6	2	5

7	9	3	1	2	5	4	8	6
5	6	2	4	3	8	9	1	7
4	8	1	9	7	6	2	3	5
2	1	9	6	8	7	3	5	4
3	5	8	2	4	9	6	7	1
6	4	7	3	5	1	8	9	2
8	2	6	5	1	3	7	4	9
9	3	5	7	6	4	1	2	8
1	7	4	8	9	2	5	6	3

25

(crossword grid - solution 25)

26

(crossword grid - solution 26)

27

(crossword grid - solution 27)

28

(crossword grid - solution 28)